Schriften der Philosophisch-historischen Klasse
der Heidelberger Akademie der Wissenschaften

Band 26 (2002)

JOCHEN SCHMIDT

Metamorphosen der Antike in Goethes Werk

Vorgetragen am 5. Mai 2001

UNIVERSITÄTSVERLAG C. WINTER
HEIDELBERG

Die deutsche Bibliothek – C I P-Einheitsaufnahme

Ein Titeldatensatz für diese Publikation
ist bei der Deutschen Bibliothek erhältlich.

ISBN 3-8253-1298-4

© 2002. Universitätsverlag C. Winter Heidelberg GmbH
Imprimé en Allemagne · Printed in Germany
Druck: Strauss Offsetdruck GmbH, Mörlenbach

Gedruckt auf umweltfreundlichem, chlorfrei gebleichtem und alterungsbeständigem Papier

Den Verlag erreichen Sie im Internet unter:
www.winter-verlag-hd.de

Metamorphosen der Antike in Goethes Werk*

In seinen Basler Vorlesungen zur griechischen Kulturgeschichte bezeichnete Jacob Burckhardt das Antike-Bild der Goethezeit als „eine der allergrößten Fälschungen des geschichtlichen Urteils, welche jemals vorgekommen".[1] Zur gleichen Zeit formulierte Nietzsche in seiner ,Geburt der Tragödie aus dem Geiste der Musik' ebenfalls eine radikale Absage an das klassizistisch-harmonische und idealistisch-optimistische Griechenbild, wie es sich seit Winckelmanns ,Gedanken über die Nachahmung der griechischen Werke in der Malerei und Bildhauerkunst' herausgebildet hatte.[2] Schon in dieser außerordentlich wirkungsreichen Frühschrift hatte Winckelmann den Apoll von Belvedere zum Inbegriff einer idealisch überhöhten „apollinischen" Antike erhoben.[3] Nietzsche ging mit seinem Kult

* Für wertvolle Anregungen danke ich Barbara Neymeyr und Günter Saße.

[1] Jacob Burckhardt, Griechische Kulturgeschichte, hrsg. von R. Marx, Stuttgart 1940, Bd. 2, S. 31.

[2] Vgl. hierzu die nützliche, bis zu Humboldt und Hegel reichende Textsammlung: Griechenland als Ideal. Winckelmann und seine Rezeption in Deutschland, hrsg. von Ludwig Uhlig (Deutsche Text Bibliothek, hrsg. von Gotthart Wunberg, Bd. 4), Tübingen 1988.

[3] Das „Idealische" der griechischen Kunst, das sie über das in der Realität vorhandene Schöne der Natur und dessen Nachahmung erhebt, ist ein Leitmotiv dieser Schrift. Die Absicht der griechischen Künstler, so schreibt Winckelmann, sei es gewesen, Gestalten zu schaffen, „die sich über die Natur selbst erheben sollten; ihr Urbild war eine blos im Verstande entworfene geistige Natur"; „nach idealischen Begriffen" hätten sie gearbeitet. Und lapidar formuliert er: „Die sinnliche Schönheit gab dem Künstler die schöne Natur; die Idealische Schönheit die erhabenen Züge: von jener nahm er das Menschliche, von dieser das Göttliche." Als höchste Manifestation des Idealischen, ja geradezu der „Idee" selbst gilt ihm der Apoll von Belvedere: „[...] die Idee wird sich über die mehr als menschlichen Verhältnisse einer schönen Gottheit in dem Vaticanischen Apollo nichts bilden können" (Johann Joachim Winckelmann: Gedanken über die Nachahmung der griechischen Werke in der Malerei und Bildhauerkunst, in: Frühklassizismus, hrsg. von Helmut Pfotenhauer u.a., Frankfurt a.M. 1995, S. 20–24.).

des Dionysischen in die Gegenrichtung. Zwar wollte er nicht wie Burckhardt in seiner „Gesamtbilanz des griechischen Lebens" den „Pessimismus als Grundzug des griechischen Wesens" diagnostizieren, denn nicht an der Schopenhauerschen Lebens*verneinung* lag Nietzsche, im Gegenteil: Er machte Dionysos zur mythologischen Metapher rauschhaft-schöpferischer Lebens*bejahung*, indem er mit diesem Wunschbild gegen die sich im späten 19. Jahrhundert ausbreitende Décadence-Stimmung reagierte.[4] Dennoch erhob er wie Burckhardt die Leidenswelt der Tragödie zum wichtigsten Paradigma des Griechentums. Es handelt sich um einen doppelten Paradigmenwechsel. Wie das Paradigma der apollinischen Plastik durch dasjenige der dionysischen Musik abgelöst wurde, so die Dominanz Homers und seiner bis zum Heiter-Idyllischen verklärten Tagwelt durch die Tragödie mit ihrer düsteren Schicksalswelt. Dieser Paradigmenwechsel wirkte bis weit ins 20. Jahrhundert hinein. Eine entsprechend antiklassizistische, archaisierte und enthumanisierte, „wilde" Antike repräsentieren zahlreiche Werke seit Beginn des 20. Jahrhunderts. Zu ihnen gehören Hofmannsthals ‚Elektra' (1903), die ‚Dionysischen Tragödien' von Rudolf Pannwitz (1913), Hans Henny Jahnns expressionistische ‚Medea' (1926) und schließlich noch Gerhart Hauptmanns Atriden-Tetralogie (1940–45).[5] Hofmannsthal spricht in seinem ‚Griechenland-Essay' 1922 von den „großen Intellektuellen des letzten Jahrhunderts, die uns eine dunklere und wildere

---

[4] Hierzu Jochen Schmidt: Nietzsches ‚Geburt der Tragödie' aus dem Geist der Décadence, in: Dramatische Wäldchen. Festschrift für Eckard Lefèvre zum 65. Geburtstag, hrsg. von Ekkehard Stärk und Gregor Vogt-Spira, Hildesheim 2000, S. 699–717.

[5] Hierzu aufschlußreich Lia Secci: Il mito greco nel teatro tedesco espressionista, Rom 1969 (Studi di filologia tedesca, Bd. 2), sowie das große, komparatistisch weitausgreifende Werk von Werner Frick: „Die mythische Methode": Komparatistische Studien zur Transformation der griechischen Tragödie im Drama der klassischen Moderne, Tübingen 1998.

Antike enthüllt haben", und er nennt Burckhardt, seinen Landsmann
Bachofen, Rohde und Fustel de Coulanges als „unvergleichliche
Interpreten des dunklen Untergrundes der griechischen Seele, starke
Fackeln, die eine Gräberwelt aufleuchten ließen".[6]

Der scharfe Kontrast zwischen der klassizistischen und dieser
antiklassizistischen Deutung der griechischen Antike macht die
jeweils zeitbedingten Präferenzen erkennbar. Nicht die von Burckhardt behauptete „Fälschung" beging der Klassizismus, vielmehr
handelt es sich um eine von ebenso aktuellen Präokkupationen
bestimmte Sichtweise wie seine eigene. Schon ein Blick auf die Zeit
um 1800 allerdings zeigt, daß trotz eines in den repräsentativen
Künsten Plastik und Architektur europaweit dominierenden Klassizismus die Literatur differenzierter ist. Kleist schrieb mit seiner
‚Penthesilea' eine Anti-Iphigenie und wandte sich damit gegen den
Weimarer Klassizismus. Schon er griff die elementaren, furchtbaren,
pathologischen Züge der griechischen Tragödie auf, die man nach
1870 erstmals zu erkennen glaubte. Dabei orientierte er sich vor
allem an der ‚Medea', am ‚Hippolytos' und an den ‚Bakchen' des
Euripides.[7] In einer Reihe von Epigrammen gegen Goethe hob er
gerade die Greuel der Tragödie hervor, indem er gegen klassizisti-

6 Hugo von Hofmannsthal: ‚Griechenland', in: Erzählungen. Erfundene Gespräche und
Briefe. Reisen, Frankfurt a.M. 1979, S. 629.
7 Aus der ‚Medea' stammt die Konfrontation des Griechisch-Rationalen mit dem Natur-
haft-Barbarischen, aus dem die elementare Leidenschaft aufflammt; die Bereitschaft der
Frau, ihren Herkunftsbereich aufzugeben, d.h. die Fähigkeit zu rückhaltloser und unbedingter Liebe (Kleist gestaltet dies zu einem schmerzhaften Prozeß); vor allem der
Umschlag von unbedingter Liebe in eine ungeheuerliche Rache. Aus dem ‚Hippolytos'
stammt das grundlegende psychologische Schema: das Verfallen einer naturwidrigen,
einseitigen Existenz in eine zerstörerische Leidenschaft. Aus den ‚Bakchen' übernahm
Kleist nicht nur die „Oreibasia" und den blutigen „Sparagmos"; er zitiert auch wörtlich
aus der Tragödie des Euripides. Hierzu genauer: Jochen Schmidt: Heinrich von Kleist.
Studien zu seiner poetischen Verfahrensweise, Tübingen 1974, S. 234–241.

sche Glättung und Ästhetisierung opponierte.[8] Und Hölderlin, der
sich am intensivsten den Griechen zuwandte, folgte zwar zunächst
der klassizistischen Strömung, nach 1800 aber schritt er zu einer
antiklassizistischen Auffassung des Griechentums fort, der er sowohl poetischen wie theoretischen Ausdruck verlieh.[9] Selbst auf dem
Höhepunkt des Klassizismus, an der Wende vom 18. zum 19. Jahrhundert, bietet sich also mindestens im Bereich der Literatur keineswegs ein so homogenes Bild, daß man schlicht vom Klassizismus
der Goethezeit sprechen könnte. Schon der später zum Klischee
vereinfachte Winckelmann läßt sich nicht auf das Nachahmungsge-
bot reduzieren. Zwar hielt er zeitlebens seine klassizistische Sicht
der griechischen Kultur aufrecht, doch revidierte er den ursprünglich
erhobenen normativen Geltungsanspruch.

Mit Winckelmann hatte sich nicht nur die schon bei italienischen
Kunsttheoretikern vorgegebene[10] idealisierende Wahrnehmung griechischer Kunstwerke verstärkt, das Interesse an den Griechen zielte
auch auf das Anthropologisch-Grundsätzliche. Seit Winckelmann
verbreitete sich die Auffassung, im Gegensatz zum Menschen der
Moderne seien die Griechen ganzheitliche Natur, und deshalb seien
sie und ihre Werke schlechthin vollkommen. Winckelmann, Goethe,
Schiller und Hölderlin heben trotz aller sonstigen weitreichenden
Unterschiede diesen Aspekt des Ganzheitlich-Vollkommenen her-

---

[8] So in dem Epigramm ‚Dedikation der Penthesilea': „Zärtlichen Herzen gefühlvoll
geweiht! Mit Hunden zerreißt sie, / Welchen sie liebet, und ißt, Haut dann und Haare, ihn
auf"; sowie in dem direkt auf Weimar gemünzten Epigramm ‚Der Theater-Bearbeiter der
Penthesilea': „Nur die Meute fürcht ich, die wird in W... mit Glück nicht / Heulen, Lieber;
den Lärm setz ich, vergönn, in Musik." In: Heinrich von Kleist: Sämtliche Werke und
Briefe, Bd. 3: Erzählungen, Anekdoten, Gedichte, Schriften, hrsg. von Klaus Müller-Sal-
get, Frankfurt a.M. 1990, S. 412 f.
[9] Die wichtigsten Zeugnisse dafür sind die Sophokles-Übertragungen und Hölderlins
‚Anmerkungen' zu ihnen sowie die Briefe an Casimir Ulrich von Böhlendorff.
[10] Vgl. Erwin Panofsky: Idea. Ein Beitrag zur Begriffsgeschichte der älteren Kunsttheorie,
2. verbesserte Auflage Berlin 1960 (Studien der Bibliothek Warburg).

vor, durch den die griechische Kunst wie das Dasein der Griechen überhaupt den Rang einer Ideal-Natur erhält. Kaum eine Epoche hat so sehr die Entfremdungsproblematik reflektiert wie die zweite Hälfte des 18. Jahrhunderts. Die seit Rousseau zum Ausdruck gebrachten modernen Entfremdungserfahrungen erhalten ihr postulatorisches Gegenbild in der Vision eines Griechenlands, das nicht entfremdet, sondern authentisch, nicht gebrochen, sondern ganzheitlich, nicht in eine Vielzahl spezialistischer Bereiche zerfallen, sondern in einem integralen Dasein vollendet war. Insofern ist Griechenland als Ideal und Utopie dieser Epoche weniger historische Wahrnehmung als Antithese zur Gegenwartszivilisation. Das ist ein qualitativer Sprung gegenüber der schon längst gängigen Vergleichung der antiqui und moderni und der um 1700 entbrannten ‚Querelle des Anciens et des Modernes', auch wenn manches davon noch weiterwirkt. Der von Rousseau mit großer Schärfe aufgeworfene Gegensatz von *Natur* und *Kultur* schien im Idealbild Griechenlands apriorisch aufgehoben zu sein.

Entscheidend für die spezifische Problematik des *Klassizismus* wurde die Spannung zwischen dem mit dem Nachahmungspostulat verbundenen normativen Geltungsanspruch und einer historisch relativierenden Betrachtung der Griechen und ihrer Kultur. Entgegen einer verbreiteten Ansicht zeichnet sich diese Spannung schon bei Winckelmann ab. Seine Frühschrift ‚Über die Nachahmung der griechischen Werke in der Malerei und Bildhauerkunst' ist noch vom Nachahmungspostulat und dem daraus resultierenden normativen Geltungsanspruch erfüllt. „Der einzige Weg für uns", so schrieb Winckelmann in dieser 1755 erschienenen Schrift, „Der einzige Weg für uns, groß, ja, wenn es möglich ist, unnachahmlich zu werden, ist die Nachahmung der Alten",[11] um dieses schon längst etablierte Gebot der Nachahmung klassischer Muster dann speziell auf die

---

[11] S. 29 (wie Anm. 3).

Werke der griechischen Kunst, insbesondere auf diejenigen der Bildhauerkunst anzuwenden.

In seiner ‚Geschichte der Kunst des Altertums', dem 1764 und 1767 in zwei Bänden publizierten Hauptwerk, setzt Winckelmann wesentlich andere Akzente. Dies betrifft sowohl die Nachahmungsforderung wie die Stilisierung der Griechen ins Idealtypische. Obwohl er in der berühmten Beschreibung des Apoll von Belvedere diesen immer noch als „das höchste Ideal der Kunst unter allen Werken des Altertums"[12] bezeichnet, richtet sich sein Hauptinteresse nun nicht mehr wie in der Frühschrift auf das Idealtypische der griechischen Kunst, sondern auf ihre *geschichtliche Entwicklung*. Als erster unterscheidet er jetzt verschiedene Stilperioden der griechischen Kunst. So wurde er schon für Goethe zum Begründer der Kunstgeschichte überhaupt.[13]

Winckelmann rückt in seinem Hauptwerk auch von dem für die Frühschrift zentralen Programm der Nachahmung ab. Er folgt damit der Zeitströmung, denn seit etwa 1760 entfaltete sich die Genie-Bewegung. Nur dem naturhaft aus sich selbst schaffenden Genie traute man große und wahre Kunst zu, und deshalb wurde in den Jahren zwischen 1760 und 1770 das bis dahin dominierende Nachahmungspostulat allgemein durch das Schöpfungspostulat abgelöst. Winckelmann charakterisiert nun sogar schon an einer *antiken* Kunstperiode, an der des Hellenismus, die Nachahmung als Symptom des Verfalls.

---

[12] Johann Joachim Winckelmann: Geschichte der Kunst des Altertums, Weimar 1964, S. 309.

[13] Goethe würdigte Winckelmann wiederholt unter diesem Aspekt. In der ‚Italienischen Reise' heißt es unter dem Datum des 28. Januar 1787: „Durch Winkelmann sind wir dringend aufgeregt die Epochen zu sondern, den verschiedenen Stil zu erkennen dessen sich die Völker bedienten, den sie, in Folge der Zeiten, nach und nach ausgebildet und zuletzt wieder verbildet"; am 2. Mai 1787 spricht Goethe von „jenem dauerhaften Winkelmannischen Faden, der uns durch die verschiedenen Kunstepochen durchleitet" (Johann Wolfgang Goethe, Italienische Reise, Teil 1, hrsg. von Christoph Michel und Hans-Georg Dewitz, Frankfurt a.M. 1993, S. 178 f. und S. 312. FA, 1. Abteilung, Bd. 15/1).

Aber nicht nur diese Periode, sondern überhaupt alles bloße Nach-
ahmen erscheint ihm als unschöpferisch und epigonal.

Auch von einem anderen Gesichtswinkel aus hält er das Prinzip
der Nachahmung für verfehlt. In seiner ‚Geschichte der Kunst des
Altertums' stellt er die Stilentwicklung nicht bloß kunstimmanent
dar; er bettet die Geschichte der Kunst in die soziale und politische
Geschichte ein. Die Kunst ist für ihn vom Leben des Volkes abhän-
gig. Eindrucksvoll beschreibt er, wie sich nach den Siegen über die
Perser mit der höchsten Entfaltung der athenischen Macht auch die
Blüte der griechischen Kunst verband. Umgekehrt entspricht dem
politischen und allgemeinen Niedergang dann auch der Untergang
der Kunst. Wenn nun aber die Kunst derart eng in die politisch-so-
ziale Geschichte einbezogen ist, dann kann sie nicht in einer ganz
anderen geschichtlichen Situation fast zweieinhalb Jahrtausende
später klassizistisch nachgeahmt werden. Auch wenn sie weiterhin
als Ideal, als Inbegriff höchster Vollkommenheit erscheint, so stellt
dieses Ideal doch nicht mehr wie in der Frühschrift die Aufforderung
zur Nachahmung dar. Es entrückt ins prinzipiell Unnachahmbare,
Unerreichbare, und gerade *als* Ideal erhält es damit auch etwas
Utopisches. In einem trauernden Rückblick gesteht sich Winckelmann ein, daß der Verlust der griechischen Kunst unwiderruflich ist.
All das liegt schon weit jenseits eines normativen Klassizismus, mit
dem man Winckelmanns Namen noch oft verbindet, weil die Rezeption der Frühschrift diejenige des späteren Hauptwerks überlagert.

Goethes Beschäftigung mit den Griechen läßt zunächst wenig von
dieser Problematik erkennen, umso mehr aber den Grundzug einer
entschiedenen Stilisierung der Antike im Sinne der Zeit, seit etwa
1800 auch *gegen* die Zeittendenzen. Von übergeordneter Bedeutung
ist immer das eigene künstlerische Credo. Von ‚Wandrers Sturmlied'
und den Homer-Episteln im ‚Werther' bis zu dem ein halbes Jahrhundert später vollendeten Helena-Akt im zweiten Teil des ‚Faust'
zeichnet sich eine an Metamorphosen reiche Adaptation der Antike,

vorzugsweise der *griechischen* Antike ab. Wenn ich von Metamorphosen der Antike spreche, so nicht mit der Absicht, ein mehr oder
weniger vollständiges Bild seiner Antiken-Rezeption zu entwerfen,[14]
sondern mit dem Ziel, markante Formen und Stationen eines sich
verändernden Umgangs mit der Antike zu erfassen und sie auf die
biographischen und historischen Konturen dieses Umgangs hin zu
charakterisieren. Dem Nebensinn des Begriffs ,Metamorphosen der
Antike', nämlich daß sich antike Werke und ihre Autoren in der
dichterischen Rezeption tiefgreifend verwandeln, widme ich nur
soweit Aufmerksamkeit, als er sich mit diesem Erkenntnisinteresse
verbindet.

In der Phase des Sturm und Drang interessiert sich Goethe für die
Antike vor allem im Hinblick auf die Autonomie-Erklärung des
genial-schöpferischen Menschen. Er wählt die Gestalt des Prome-
theus als antikes Paradigma dieses aktuellen, aus der Genie-Bewegung entsprungenen Autonomie-Anspruchs, dem er ein emanzipa-
torisches Pathos verleiht.[15] Als poetische Berufungsinstanz eines
freien, alle Normen sprengenden Dichtens gilt ihm Pindar, wie ihn
Horaz in seiner berühmten Pindar-Ode dargestellt hatte.[16] Damit
entsprach er einem schon modischen, weil als genialisch approbier-
ten Pindarisieren. Der gelehrt antikisierende Duktus in ,Wandrers
Sturmlied' dient der Inszenierung eines durchaus modernen poeto-

---

[14]   Eine umfassende Sammlung der entsprechenden Texte Goethes bietet das Standardwerk
     von Ernst Grumach: Goethe und die Antike. Eine Sammlung, 2 Bände, Berlin 1949.
     Goethes Verhältnis zur griechischen Literatur behandelt Ernst Richard Schwinge: Goethe
     und die Poesie der Griechen, Stuttgart 1986.

[15]   Die durchgehende Statuierung von Autonomie gipfelt in der rhetorischen Frage des
     Prometheus (V. 33 f.): „Hast dus nicht alles selbst vollendet, / Heilig glühend Herz?" Das
     Pathos der Emanzipation erreicht sein Maximum in den blasphemisch provozierenden
     Schlußversen (V. 52–58): „Hier sitz ich, forme Menschen / Nach meinem Bilde, / Ein
     Geschlecht, das mir gleich sei, / Zu leiden, weinen, / Genießen und zu freuen sich, / Und
     dein nicht zu achten, / Wie ich."

[16]   Carmina IV, 2 (Pindarum quisquis studet aemulari ...).

logischen Themas.[17] Es geht um die Größe und die Gefährdung des sich aus allen Bindungen lösenden und nur seinem schöpferischen Genius folgenden großen Einzelnen. Daß Goethe schon im Jahre 1769 den Mannheimer Antikensaal besuchte und dabei auch die Laokoon-Gruppe und den Apoll von Belvedere sah, war für ihn bezeichnenderweise zunächst „von geringen Folgen", wie er in ‚Dichtung und Wahrheit' selbst berichtet, [18] denn im Kontext des Sturm und Drang konnte griechische Plastik, noch dazu in der von Winckelmann vorgegebenen Perspektive, nur eine marginale Rolle spielen. Nachdem ihn Herder in Straßburg zur intensiven Beschäftigung mit griechischer Sprache und zur gründlichen Lektüre Homers und Pindars angeregt hatte, hielt sich Goethe an diese beiden Dichter, um sie als Medium der aktuellen rousseauistischen Tendenz zu verwenden. Pindar, der in ‚Wandrers Sturmlied' als poetisches Muster erscheint, galt bereits vor Goethe als elementar-naturhafter, ursprünglicher, ja „wilder" Dichter, und Homer stand für die Utopie einer vorzivilisatorischen, ursprungshaften Frühzeit, in der alles noch natürlich, einfach und authentisch gewesen sein sollte. So war er bereits in England durch Robert Wood konfektioniert worden.[19] Nichts hätte den Zeitgenossen ferner gelegen als die Ergebnisse der modernen Homerforschung, derzufolge Homer der Dichter einer Adelsgesellschaft war, die in seinem Werk ihr aristokratisches Welt- und Menschenbild repräsentiert finden wollte. Und nichts wäre den bürgerlichen Sturm- und Drang-Dichtern weniger in den Sinn ge-

---

[17] Zur Vereinnahmung Pindars, seiner grundlegenden Denkbilder und Stilhaltungen durch die Genie-Generation: Jochen Schmidt: Die Geschichte des Genie-Gedankens in der deutschen Literatur, Philosophie und Politik 1750–1945, Bd. 1: Von der Aufklärung bis zum Idealismus, 2. Auflage, Darmstadt 1988, S. 179–192. Zu ‚Wandrers Sturmlied' ebda., S. 199–254.

[18] Johann Wolfgang Goethe: Aus meinem Leben. Dichtung und Wahrheit, hrsg. von Klaus-Detlef Müller, Frankfurt a.M. 1986, S. 587. FA, 1. Abteilung, Bd. 14.

[19] Robert Wood: An essay on the original genius and writings of Homer (1768), übersetzt von J.P Michaelis (1773).

kommen als eine Identifikation mit Homers Sänger-Figuren, die allesamt am Hofe großer Herren ihre Kunst ausüben und mit denen Homer eine indirekte Selbstdarstellung gibt.

Der ins Idyllische und Bürgerlich-Sentimentalische verwandelte Homer im ‚Werther' erscheint allerdings in einer Brechung, die verrät, daß Goethe dieser modischen Inszenierung Homers nicht einfach folgte, daß er sie vielmehr als eine aktualisierende Umdeutung bereits reflektierte. Denn es handelt sich ja um *Werthers* Homer-Lektüre, und sie ist wie seine anderen Lektüren ganz nach seiner jeweiligen Erlebnissituation, ja nach der Augenblicksstimmung modelliert und entsprechend relativiert. Damit aber dürfte Goethe das zeitgenössische Homerbild nicht bloß reproduziert, sondern gleichzeitig schon in seiner Bedingtheit erkannt haben. Vielleicht darf man annehmen, daß Goethe hier seinen eigenen Umgang mit Literatur überhaupt, auch mit der antiken Literatur, charakterisierte und ihn als immer schon historisch und lebensgeschichtlich perspektiviert begriff. Ungeachtet aller Metamorphosen der Lektüre aber bildete Homer seit der Straßburger Zeit neben Shakespeare eine feste, kanonische Größe für Goethe. 1773 nannte er ihn in ‚Künstlers Morgenlied' den „heiligen Homer", eine Generation später, im Jahre 1800 galten ihm Ilias und Odyssee als „Grundschatz aller Kunst",[20] 1817 bezeichnete er sie als „urkanonische Bücher", vom „heiligen Geist eingegeben".[21] Bei gleichbleibender Höchstwertung machte er im Altersrückblick den lebensgeschichtlich bedingten Wandel seiner Homer-Lektüren zum Paradigma von Literaturerfahrungen überhaupt. Am 8. August 1822 schrieb er an Zelter: „Lese ich heute den

---

[20] WA I, 48, S. 20.
[21] Brief an G.F. Creuzer, 1.10.1817 (Johann Wolfgang Goethe: Sämtliche Werke, Briefe, Tagebücher und Gespräche. FA, Bd. 8 (35): vom 6. Juni 1816 bis zum 18. Oktober 1819, hrsg. von Dorothea Schäfer-Weiss, Frankfurt a.M. 1999, S. 143).

Homer so sieht er anders aus als vor zehen Jahren; würde man dreyhundert Jahre alt, so würde er immer anders aussehen".[22]

Neben Homer war Euripides für Goethe bis ins Alter von überragender Bedeutung, und es ist bezeichnend, daß er sich dem Tragiker der griechischen Aufklärung gerade in den Jahren besonders zuwandte, in denen die deutsche Aufklärung ihren Höhepunkt erreichte. Lessings ‚Nathan der Weise' erschien 1779, Kant publizierte 1783 seine programmatische ‚Beantwortung der Frage: Was ist Aufklärung?' und brachte in dem Jahrzehnt zwischen 1780 und 1790 seine drei großen Kritiken heraus, Goethe arbeitete an seiner ‚Iphigenie' von 1779 bis 1786, Mozart komponierte seine vom Geist der Aufklärung geprägten Opern ‚Die Entführung aus dem Serail' und ‚Die Zauberflöte', und um 1780 begann die Hauptphase der Volksaufklärung mit einer ganzen Flut von entsprechenden Schriften.[23] Das Drama des Euripides adaptierend und transformierend[24], gestaltete Goethe seine ‚Iphigenie' ganz im Sinne einer humanistisch engagierten Aufklärung. Dies gilt sowohl für die zwischenmenschlichen Verhältnisse wie für das menschliche Selbstverhältnis und Selbstverständnis. Beinahe systematisch entwirft das Drama ein Spektrum von Beziehungen, in denen sich Humanität lebendig entfaltet: Es reicht von den individuellen Nahverhältnissen der Ge-

---

[22] In: Johann Wolfgang Goethe: Sämtliche Werke, Briefe, Tagebücher und Gespräche. FA, Bd. 9 (36): vom 27. Oktober 1819 bis zum 26. Dezember 1822, hrsg. von Dorothea Schäfer-Weiss, Frankfurt a.M. 1999, S. 276.

[23] Hierzu Reinhart Siegert: Aufklärung und Volkslektüre: exemplarisch dargestellt an Rudolph Zacharias Becker und seinem "Noth- und Hilfsbüchlein"; mit einer Bibliographie zum Gesamtthema. Frankfurt a.M. 1978. Holger Böning, Reinhart Siegert: Volksaufklärung: biobibliographisches Handbuch zur Popularisierung aufklärerischen Denkens im deutschen Sprachraum von den Anfängen bis 1850, Band 1: Die Genese der Volksaufklärung und ihre Entwicklung bis 1780, Stuttgart-Bad Cannstatt 1990. Band 2: Die Volksaufklärung auf ihrem Höhepunkt 1781 bis 1800, Stuttgart-Bad Cannstatt 2000.

[24] Hierzu und auch zur Bedeutung anderer neuzeitlicher Iphigenie-Dramen für Goethe vgl. den guten Überblick in: Johann Wolfgang Goethe. FA: I. Abteilung: Sämtliche Werke, Bd. 5: Dramen 1776–1790, unter Mitarbeit von Peter Huber herausgegeben von Dieter Borchmeyer, Frankfurt a.M. 1988, S. 1021–1025.

schwisterliebe (zwischen Iphigenie und Orest) und Freundschaft
(zwischen Orest und Pylades) bis zu den Fernverhältnissen und
Kollektivbeziehungen, in denen die neueingeführte Sitte der Gastfreundschaft gegenüber Fremden die Menschenopfer als archaische
Form des Fremdenhasses ablöst. Nachdruck liegt auch auf der Gewinnung eines human-aufgeklärten Selbstverständnisses. Es resul-
tiert aus einem Emanzipationsprozeß, der aus *faktischen* Abhängig-
keiten und auch aus traditionellen Abhängigkeits*vorstellungen* be-
freit. An die Stelle von Heteronomie tritt Autonomie,[25] an die Stelle
des sich nun als falsch erweisenden alten *Bewußtseins* von Heteronomie ein neues befreiendes *Bewußtsein* von Autonomie. Nach
dieser Konzeption hat Goethe zunächst die Hauptgestalt modelliert,
indem er sie zum Vorbild *weiblicher* Emanzipation erhob. Iphigenie
behauptet sich selbst, indem sie dem Ehewunsch des Taurerkönigs
nicht nachgibt, auch nicht unter Druck und Drohung. Welche programmatische Bedeutung Goethe diesem Akt weiblicher Selbstbehauptung und Selbstbestimmung im Horizont einer noch entschieden patriarchalischen Gesellschaft zumaß, erhellt aus zwei Verlaut-
barungen Iphigeniens selbst. Schon im Auftrittsmonolog erklärt sie:
„Der Frauen Zustand ist beklagenswert" (V. 24), und sie begründet
dies mit der Auslieferung an den männlichen Willen in allen Lebens-
bereichen. Auf dem Höhepunkt ihrer Auseinandersetzung mit Thoas
im letzten Akt stellt sie fest: „Ich bin so frei geboren als ein Mann"
(V. 1858). So hat Goethe die emanzipatorische Selbstbestimmung
der Frau als einen wesentlichen Aspekt aufgeklärter Humanität
exponiert.

Die Gewinnung von Autonomie zeigt sich nicht nur in *Akten* der
Selbstbehauptung und Selbstbestimmung. Goethe gestaltete auch
die mentalen Vorgänge, die allererst die Grundlage dafür schaffen.

---

[25] Hierzu das grundlegende Buch von Wolfdietrich Rasch: Goethes ‚Iphigenie auf Tauris'
als Drama der Autonomie, München 1979.

Er rückte die Vorstellungsmuster einer erst noch zu überwindenden älteren, unaufgeklärten Verfassung und dann den inneren Überwindungsprozeß ins Zentrum des Dramas. Repräsentiert werden die mental fixierten alten Vorstellungsmuster durch zwei markante Figurationen von Fremdbestimmung: durch den Geschlechterfluch und das delphische Orakel. Dem Geschlechterfluch kommt im Bewußtsein Iphigeniens wie Orests überragende Bedeutung zu. Angesichts des ewigen Fluches, den er über sein Geschlecht verhängt glaubt, meint Orest verzweifeln zu müssen. Denn wenn der Muttermord, zu dem ihn die Pflicht zwang, den von der Mutter erschlagenen Vater zu rächen, nur ein Glied in der langen Kette der Greuel ist, die vom Urahn Tantalus an sein Geschlecht heimsuchten, und wenn all diese Greuel Folge eines unentrinnbaren Fluches sind, dann bleibt keine Möglichkeit humaner Selbstbestimmung mehr. Der Geschlechterfluch ist Ausdruck radikaler Heteronomie. Goethe hat der Darstellung des Geschlechterfluches eine so große Bedeutung zugemessen, weil er damit durchaus Aktuelles aufgreifen konnte. Denn der Geschlechterfluch, der über dem Atridengeschlecht zu walten scheint, ist eine Chiffre für die Lehre von der Erbsünde.[26] Für das aufgeklärte Denken war die Erbsündenlehre ein Stein des Anstoßes, weil sie der Grundforderung der Aufklärung nach menschlicher Freiheit und Autonomie widersprach. Entscheidend nun ist es, daß die Annahme eines Geschlechterfluchs und damit indirekt die Annahme einer Erbsünde in Goethes Drama als wahnhafte Einbildung erscheint. Das deutet sich schon in Iphigeniens Erzählung von diesem Geschlechterfluch an. Sie beruft sich nämlich auf das, was „Dichter singen" (V. 322–26): „ihr Gericht / War streng, und *Dichter singen*: Übermut / Und Untreu stürzten ihn [Tantalus] von Jovis Tisch / Zur Schmach des alten Tartarus hinab. / Ach und sein ganz Geschlecht trug ihren Haß!" Deutlich subversiver ist eine frühere

[26] Vgl. Rasch (wie Anm. 25), S. 102–105.

Fassung des Dramas. An Stelle des Passus „und Dichter singen" stehen dort die Worte: „und ihre Priester sagen". So wird der Geschlechterfluch als Chiffre der Erbsünde ins Reich der erdichteten Fabel oder sogar einer interessegeleiteten Priestererfindung verwiesen. Auch der Gang des Geschehens selbst führt die Vorstellung des Geschlechterfluches ad absurdum. Denn dieses Geschehen unterliegt keineswegs einem solchen Fluch, wie sich im Verlauf des Dramas mehr und mehr herausstellt. Bereits Orests psychischer Heilungsprozeß verweist den vermeintlichen Geschlechterfluch, dem er selbst ausweglos verfallen zu sein glaubte, ins Reich überwundener kollektiver Zwangsvorstellungen. Und Iphigenie ist gerade *nicht* dazu verdammt, Greuel zu begehen, etwa indem sie den eigenen Bruder gegen ihren Willen opfert.[27]

---

[27] Besonderes Interesse gewinnt in diesem Zusammenhang das von der Forschung vernachlässigte Parzenlied, das als Schicksalslied nocheinmal auf Heteronomie deutet. Es markiert nicht etwa, wie man aufgrund seiner herausgehobenen Position meinen könnte, das Fazit des Geschehens. Iphigenie greift, indem sie das Parzenlied singt, auf *Früheres* zurück. „Vor meinen Ohren tönt das *alte* Lied", sagt sie, und sie fährt fort (V. 1718–1720): „Vergessen hatt ichs und vergaß es gern – / Das Lied der Parzen, das sie grausend sangen." Und nicht nur vor Beginn des Parzenlieds wird so entschieden darauf abgehoben, daß es sich um ein aus der Vergangenheit stammendes Lied handelt, sondern auch am Ende des Liedes selbst: Die letzte, von Iphigenie selbst hinzugefügte Strophe beginnt mit dem Vers: „So sangen die Parzen!" Iphigenie singt dieses so markant der Vergangenheit zugeordnete und bezeichnenderweise nicht ihr selbst angehörende Parzenlied am Ende des vierten Aufzugs, als sie sich in scheinbar ausweglosen Situation befindet. Wenn sie die Wahrheit sagt, statt den von Pylades geplanten Betrug ins Werk zu setzen, droht dem Bruder Orest und seinem Freund der Tod; beteiligt sie sich aber an dem Betrug, dann zerstört sie ihren eignen humanen Anspruch auf Wahrheit und sittliche Reinheit, der ihr eine innere Wesensnotwendigkeit ist. So befindet sie sich in einem Dilemma, in dem keine autonome Entscheidung mehr möglich zu sein scheint. Diese Zwangslage kommt im Rückgriff auf das Parzenlied zum Ausdruck. Sie hat etwas unselig Schicksalhaftes, und dem entspricht das Parzenlied als Schicksalslied. Die humane Selbstbestimmung droht in Fremdbestimmung umzuschlagen. Iphigenie sieht sich einem blinden Schicksal ausgeliefert, dessen mythologische Metapher die im Parzenlied dargestellte Willkürherrschaft der Götter – einer außerhumanen Instanz – über die Menschen ist.
Wenn Orest durch seine Katharsis den vermeintlichen Geschlechterfluch bereits in den Bereich der Sage, des Mythos im Wortsinn, verwiesen hat und Iphigenie im Parzenlied dennoch auf diesen Geschlechterfluch zurückgreift, so fällt sie in einen durch das Geschehen überholten Bewußtseinszustand zurück: unter dem Eindruck einer aktuellen

Den abschließenden Höhepunkt in der Konstituierung humaner Autonomie bildet das neue Verständnis des Orakelspruchs, nachdem er lange ganz anders gedeutet wurde. Der Orakelspruch verlangte, Orest solle die Schwester aus Tauris nach Griechenland holen. Da der Orakelspruch von Apollon stammt, glaubte Orest, die „Schwester" sei Apollons göttliche Schwester Diana, und folglich war er nach Tauris aufgebrochen, um das Kultbild der Göttin Diana nach Griechenland zu entführen. Befähigt durch eine neugewonnene humane Hermeneutik, entdeckt er erst am Ende den für ihn einzig zutreffenden Sinn des Orakelspruchs: Nicht das Kultbild der Göttin, sondern seine eigene Schwester Iphigenie soll er in die Heimat bringen. Alles, was früher auf Götter bezogen wurde, ist in Wahrheit auf die Menschen zu beziehen. Schon im Verlauf des Geschehens hatte sich gezeigt, daß alle den Göttern zugeschriebenen Eigenschaften, schlimme wie gute, bloß menschliche Projektionen sind.[28] In-

Notsituation wird sie vom Alten, ja Mythisch-Alten wieder eingeholt. Das ist die eigentliche Bedeutung ihrer dem Parzenlied vorausgehenden Worte: „Vor meinen Ohren tönt das *alte* Lied." Indem Iphigenie vor dem Parzenlied ausruft (V. 1716 f.): „Rettet mich / Und rettet euer Bild in meiner Seele", ringt sie um das aus ihrer eigenen Wesensverfassung entworfene Bild der Götter, das die Projektion einer neuen Humanität ist. Sie erhebt sich über einen ins Archaische entrückten, barbarisch-inhumanen Zustand, wie ihn der Mythos vom Geschlechterfluch noch repräsentiert. Das im Schicksalslied erneut virulent werdende alte „Götterbild" droht das von ihr selbst entworfene zu überlagern. Goethe gestaltet in seinem Drama einen mentalen und kulturellen Ablösungsprozeß, der aus einer inhumanen Vergangenheit in eine humane Zukunft führt, auch den damit notwendigerweise verbundenen Übergang von einem alten zu einem neuen Bewußtsein – einen Übergangsprozeß voller Schwierigkeiten, Verwerfungen und Retardationen, von denen das Parzenlied als vorübergehender Rückfall in Vorstellungen der Vergangenheit die markanteste ist.

28 So imaginieren die Barbaren, in deren Land es Iphigenie verschlagen hat, barbarisch blutdürstige, nach Menschenopfern verlangende Götter, Orest in seiner inneren Qual stellt sich die Götter als grausam verfolgende Plagegeister vor, für den lebensbejahenden und pragmatischen Pylades dagegen sind die Götter Schutzgeister des Tüchtigen (V. 632 f.), Iphigenie endlich macht sich ihr Bild von den Göttern nach dem Maß ihrer eigenen edlen Menschlichkeit zurecht. Es existieren keine Götter an sich, so ergibt sich aus der Vielfalt verschiedenartigster Projektionen, sondern nur menschliche Bilder von ihnen.

dem nun der vermeintliche Auftrag zur Heimholung des Kultbildes der Göttin als ein Auftrag zur Heimholung Iphigeniens zu verstehen ist, wird der Ablösungsvorgang überdeutlich. Demnach liegt die Vollendung der Humanität nicht nur in den zwischenmenschlichen Beziehungen von Freundschaft und Geschwisterliebe, in der Herstellung völker- und kulturenverbindender Beziehungen, die schließlich zur Sitte der Gastfreundschaft führen, nicht nur in der Herstellung menschlicher Autonomie durch die weibliche Selbstbehauptung und Selbstverwirklichung Iphigenies sowie in der autonomen Bewältigung der Vergangenheit durch Orests Trauerarbeit; die Vollendung der Humanität findet ihren Ausdruck zuletzt darin, daß der Mensch sich von Gottesvorstellungen freimacht. Die Vorstellung von Göttern erscheint als eine Form der Selbstentfremdung. Sie weicht nun humaner Selbstverantwortung. Goethes Transformation der Euripideischen ‚Iphigenie' steht im Horizont einer energisch säkularisierenden Aufklärung. Die verbreitete Subsumption seines Dramas unter dem Begriff des Klassizismus, der an harmonisierende Glätte, wenn nicht sogar an Epigonalität denken läßt, täuscht gerade über diese entschieden moderne und durchaus mit Sprengkraft geladene Konzeption hinweg.

Wie gezielt Goethe einzelne Facetten aus dem weiten Spektrum der antiken Überlieferung auch zur literarischen Formung entscheidender *Lebenssituationen* adaptierte, zeigt das Gedicht ‚Seefahrt'.[29] Es entstand anläßlich der Übersiedlung nach Weimar, nachdem er gegen den Rat des Vaters, der ihn vom Hofdienst abhalten wollte, die Einladung des Herzogs Carl August angenommen hatte. Das Hofleben, die „vita aulica", galt traditionell als klippenreich und von Wechselfällen bedroht. Goethe, der auch die stoische Philoso-

---

[29] Aufschlußreich hierzu: Barbara Neymeyr: Navigation mit ‚virtus' und ‚fortuna'. Goethes Gedicht „Seefahrt" und seine stoische Grundkonzeption, in: Goethe-Jahrbuch 115 (1998), S. 29–44.

phie, insbesondere Seneca seit seiner Jugend rezipiert hatte, wählte deshalb die in der Stoa beliebte Metaphorik der Seefahrt mitsamt den ebenfalls vorgegebenen Vorstellungen der Wechselwinde und des heraufziehenden Sturmes. In der „Fortuna maris" beschwört er die Ausgeliefertheit des menschlichen Lebens, um dann die alte stoische Losung „fortunae resistere" aufzugreifen. Diese Maxime illustriert er mit dem ebenfalls stoischen Topos vom Steuermann, der männlich-mutig am Steuer steht und damit die stoische virtus gegen Fortuna bewährt. Die Schlußverse des jungen Goethe, mit denen er sich Mut für das Weimarer Abenteuer zuspricht, lauten:

> Doch er stehet männlich an dem Steuer.
> Mit dem Schiffe spielen Wind und Wellen,
> Wind und Wellen nicht mit seinem Herzen.
> Herrschend blickt er auf die grimme Tiefe
> Und vertrauet, scheiternd oder landend,
> Seinen Göttern.[30]

Friedrich Schlegel bemerkte später in den ‚Athenäumsfragmenten': „Jeder hat noch in den Alten gefunden, was er brauchte, oder wünschte; vorzüglich sich selbst".[31] Kaum in Weimar angekommen, sandte Goethe am 14. April 1776 an Frau von Stein das Gedicht ‚Warum gabst du uns die tiefen Blicke', in dem er die platonische

---

[30] Zitiert nach HA 1, S. 50. Diese Schlußverse sind, wie B. Neymeyr nachgewiesen hat, vollständig stoisch geprägt: Indem der Seefahrer im Sturm „männlich" am Steuer steht, bewährt er die stoische „virtus" im genauen Wortsinn; indem er Wind und Wellen nicht mit seinem Herzen spielen läßt, zeigt er die stoische Ataraxie und „constantia"; und indem er „*seinen* Göttern" vertraut, beweist er eine stoisch autonome Haltung, denn kontrastiv zum Anruf der „Götter" durch die angsterfüllt am Ufer Ausschau haltenden Freunde, die sich damit an jenseitige Mächte wenden, beruft er sich auf „seine" Götter als Inbegriff autonomer Selbstgewißheit – das „Konzept menschlicher Autonomie verdichtet sich im Vertrauen des Stoikers auf die ‚deus internus' oder ‚deus in nobis'" (Neymeyr S. 42).

[31] Kritische Friedrich Schlegel-Ausgabe, hrsg. von Ernst Behler, Jean-Jacques Anstett und Hans Eichner, München, Paderborn, Wien 1958 ff., Bd. 2, S. 189.

Anamnesis-Lehre poetisch anverwandelte, um dieser ohne sinnliche Erfüllung bleibenden Liebesbeziehung eine im unvordenklichen Erinnern gründende und schicksalhaft *vor* aller Erfüllung schon vorhandene, ja alles konkrete Erleben ideal übersteigende Vollkommenheit zuzuschreiben, mit den berühmten Versen (V. 25 ff.):

> „Sag, was will das Schicksal uns bereiten?
> Sag, wie band es uns so rein genau?
> Ach, du warst in abgelebten Zeiten
> Meine Schwester oder meine Frau".[32]

Leitmotivisch ist in diesem Gedicht vom „Glück" die Rede. Es ist gerade nicht das Liebes-Glück der gewöhnlichen Menschen, das als illusionär erscheint, weil es lediglich von oberflächlicher Selbsttäuschung zeugt,[33] sondern das Glück der durch die Anamnesis, wie es am Ende heißt, „ewig gleich im Innern" gefühlten „alten Wahrheit".[34] Aufschlußreich ist die Ablösung dieses platonischen Vorstellungsmusters durch das entgegengesetzte, das sich während und nach der italienischen Reise herausbildete. Goethe wandte sich in Italien programmatisch der „Gegenwart" als dem Inbegriff des sinnenhaft Erfahrbaren zu. In den nach der Rückkehr aus Italien entstandenen ,Römischen Elegien', die der leidenschaftlichen Beziehung zu Christiane Vulpius entsprangen, knüpft er an die römische Liebeselegie an, um die sinnliche Erfüllung zu feiern und sich damit von der platonisch-idealen Liebe entschieden zu distanzieren. An die

---

[32] HA 1, S. 123. Das „genau" in dem Vers „ Sag, wie band es uns so rein genau" verwendet Goethe noch oft im ursprünglichen Wortsinn: „genau" ist kontrahiert aus „ganz nahe". Nicht nur als „Frau", sondern auch als „Schwester" erscheint die Geliebte, weil damit das Moment des Schicksalhaften, von vornherein Bestimmten, also der nicht frei zu wählenden Nähe zum Ausdruck kommt. Es handelt sich um das präexistentiell („in abgelebten Zeiten") Vorherbestimmte, das insofern „Schicksal" ist.

[33] Vgl. HA 1, S. 123 f., V. 9–22.

[34] Vgl. HA 1, S. 124, V. 47. Unmittelbar vorher die Anspielung auf die Anamnesis: „Und von allem dem schwebt ein *Erinnern* / Nur noch um das ungewisse Herz" (V. 45 f.)

Stelle der präexistentiellen Vergangenheit und ihrer „alten Wahrheit" tritt eine Gegenwart, die durch die Wahrnehmung der Occasio, der Göttin Gelegenheit, ihre äußerste Zuspitzung erfährt.[35] Und das Glück, ein Leitmotiv auch der Römischen Elegien, steht nun bezeichnenderweise unter entgegengesetztem Vorzeichen: Es ist nicht mehr wie in dem platonisierenden Gedicht an Frau von Stein das Glück einer inneren, absoluten Zugehörigkeit jenseits aller konkreten Erfahrung, sondern allein das Glück der sinnlichen Augenblicks-Erfüllung. Den absichtsvoll gewählten Namen der Geliebten „Faustine" *übersetzt* Goethe geradezu in den Worten: „Darum macht Faustine mein Glück ...".[36] Die Antike wird nun mit fortdauernder Wirkung bis in den zweiten Teil des ‚Faust' hinein erotisiert, und dies bis zu dem Grade, daß das erotische Glück mit der Vision einer zeitlosen, ganz und gar enthistorisierten Antike verschmilzt. In den Worten der dreizehnten Elegie: „War das Antike doch neu, da jene Glücklichen lebten! / Lebe glücklich, und so lebe die Vorzeit in dir."[37]

Zeitenthobenheit in erfüllter Gegenwart wird von nun an zu einer utopischen Qualität der Antike, mit der sich Goethe für Jahrzehnte geradezu ein Therapeutikum schafft. Er setzt es auch ein, um sich nach den Erschütterungen der Französischen Revolution aus einer als zerstörerisch empfundenen Geschichte in einen geschichts*losen* Raum ewiger Gegenwart zu retten. Eine analoge Tendenz zeigt sich in der Hinwendung zur Natur, deren Gesetzlichkeit als Heilmittel gegen eine chaotisch-gesetz*lose* Geschichte dient.[38] Die schon in den

---

[35] Die vierte Elegie gilt der Göttin Occasio: „Diese Göttin, sie heißt *Gelegenheit* [...]" (HA 1, S. 159, V. 17).

[36] 18. Elegie, (HA 1, S. 170, V. 9).

[37] 13. Elegie, (HA 1, S. 166, V. 21 f.).

[38] Hierzu aufschlußreich: Rüdiger Bubner: Die Gesetzlichkeit der Natur und die Willkür der Menschheitsgeschichte. Goethe vor dem Historismus, in: Goethe-Jahrbuch 110 (1993), S. 135–145.

Aufzeichnungen während der ‚Italienischen Reise' vollzogene Gleichsetzung von Natur und Antike erhält dadurch eine neue Funktion. Und wie die Berufung auf die Antike *gegengeschichtlich* gemeint ist, so auch seit etwa 1790 heidnisch-*antichristlich* – die ‚Braut von Korinth' ist dafür nur *eines* der markanten Zeugnisse. Seit etwa 1800 kommt noch ein *antiromantischer* Impuls hinzu. Zum Antidot formiert Goethe die Antike also gerade in der Phase, in der er sich einem normativen Klassizismus verschreibt, in der er intensive Homerstudien treibt, homerisierende Kleinepen in Gestalt von ‚Reineke Fuchs' und ‚Hermann und Dorothea' verfaßt und sogar eine Achilleis plant. Mit seinem selbstgeschaffenen Bild der Antike entwirft er eine Gegenwelt.

In diesem Zusammenhang hat Goethes Winckelmann-Schrift von 1805 eine besondere Bedeutung.[39] Erstes Hauptkriterium für die Hochschätzung der Antike ist darin – wie in der ‚Italienischen Reise' – das Kriterium der vollendeten „*Gegenwart*". Mit ihr verbindet sich als zweites Hauptkriterium die „*Ganzheit*", weil sich der Mensch nur in vollkommen erfüllter Gegenwart als Ganzer zu erfahren vermag.[40]

---

[39] Vgl. hierzu: Johannes Irmscher: Antikebild und Antikeverständnis in Goethes Winckelmann-Schrift, in: Goethe-Jahrbuch 95 (1978), S. 85–111; Ludwig Uhlig: Klassik und Geschichtsbewußtsein in Goethes Winckelmannschrift, in: Germanisch-Romanische Monatsschrift N.F. 31 (1981), S. 143–155. Zum weiteren Kontext: Norbert Christian Wolf: Streitbare Ästhetik. Goethes Kunst- und literaturtheoretische Schriften 1771–1789, Tübingen 2001, bes. S. 409 ff. (mit Ausblick auf die Winckelmann-Schrift von 1805).

[40] Paradigmatisch für diese Hinwendung zum Ganzheitlichen und zur „Gegenwart" ist der Abschnitt ‚Antikes'. In ihm heißt es: „Wenn die gesunde Natur des Menschen als ein Ganzes wirkt, wenn er sich in der Welt als in einem großen, schönen, würdigen und werten Ganzen fühlt, wenn das harmonische Behagen ihm ein reines, freies Entzücken gewährt, dann würde das Weltall, wenn es sich selbst empfinden könnte, als an sein Ziel gelangt, aufjauchzen und den Gipfel des eigenen Werdens und Wesens bewundern. Denn wozu dient alle der Aufwand von Sonnen und Planeten und Monden, von Sternen und Milchstraßen, von Kometen und Nebelflecken, von gewordenen und werdenden Welten, wenn sich nicht zuletzt ein glücklicher Mensch unbewußt seines Daseins erfreut? Wirft sich der Neuere, wie es uns eben jetzt ergangen, fast bei jeder Betrachtung ins Unendliche, um zuletzt, wenn es ihm glückt, auf einen beschränkten Punkt wieder zurückzukehren, so fühlten die Alten, ohne weitern Umweg, sogleich ihre einzige Behaglichkeit innerhalb der lieblichen Grenzen der schönen Welt. Hieher waren sie gesetzt, hiezu berufen, hier

Noch im 3. Akt des Faust II werden Faust und Helena in der neugefundenen Reim-Harmonie ihrer Wechselrede sagen (V. 9381 f.): „Nun schaut der Geist nicht vorwärts, nicht zurück, / Die Gegenwart allein ist unser Glück". In der Winckelmann-Schrift preist Goethe den antiken Menschen als eine kosmische Harmonie im Kleinen, als ein Ganzes, das in den Grenzen einer überschaubaren Welt eine vollendete Gegenwart findet. Gerade an der Umgrenzung liegt ihm. Fast möchte man sagen, er übertrage den von Winckelmann an der klassischen Plastik der Griechen besonders geschätzten klaren und festen *Kontur* auf die Realität ihres individuellen und sozialen Daseins. Bemerkenswerterweise bleiben Goethes Anspielungen auf die Bedeutung der griechischen Polis ohne jeden genuin politischen Gehalt. Sie meinen bloß die klare Umgrenztheit einer ganzheitlich in sich geschlossenen kleinen Welt.

Niemand außer Goethe hat in dem vielstimmigen Konzert des europäischen Philhellenismus[41] diesen Ton angeschlagen. Goethe wendet sich gegen Grenzüberschreitungen, gegen ein Jenseits im weitesten Sinne. Nur das Diesseits gilt ihm als Erfüllungshorizont. Nicht umsonst überschreibt er einen Abschnitt seiner Winckelmann-Schrift mit dem lapidaren Titel ‚Heidnisches'.[42] Eine zweite Oppo-

---

fand ihre Tätigkeit Raum, ihre Leidenschaft Gegenstand und Nahrung. Warum sind ihre Dichter und Geschichtschreiber die Bewunderung des Einsichtigen, die Verzweiflung des Nacheifernden, als weil jene handelnden Personen, die aufgeführt werden, an ihrem eigenen Selbst, an dem engen Kreise ihres Vaterlandes, an der bezeichneten Bahn des eigenen sowohl als des mitbürgerlichen Lebens einen so tiefen Anteil nahmen, mit allem Sinn, aller Neigung, aller Kraft auf die Gegenwart wirkten; daher es einem gleichgesinnten Darsteller nicht schwerfallen konnte, eine solche Gegenwart zu verewigen." (Winkelmann und sein Jahrhundert: In: Johann Wolfgang Goethe: Sämtliche Werke, Briefe, Tagebücher und Gespräche. FA I. Abteilung, Bd. 19: Ästhetische Schriften 1806-1815, hg. v. Friedmar Apel, Frankfurt a.M. 1998, S. 179).

[41] Zum Philhellenismus vgl. den Überblick von Norbert Miller: Europäischer Philhellenismus zwischen Winckelmann und Byron, in: Propyläen Geschichte der Literatur, Bd. 4: Aufklärung und Romantik 1700–1830, Berlin 1983, S. 315–366.

[42] Vgl. a.a.O. (wie Anmerkung 40), S. 181.

sition läßt die Antike ebenfalls als Gegenbild erscheinen: als Gegenbild zur *Moderne*, deren Grundtendenz, wie es in der Winckelmann-Schrift heißt, ins „Unendliche" geht.[43] Diese universelle moderne Tendenz ins Unendliche sieht Goethe im speziellen Bereich von Kunst und Literatur durch die Romantik repräsentiert. Gegen sie stilisiert er die Antike zu einem Reich erfüllter, sich selbst genügender Endlichkeit.

Indes richtet sich die Vision einer in diesseitiger Daseinserfahrung vollendeten Antike doch nicht nur polemisch gegen die christliche Jenseitsausrichtung, gegen das romantische Entgrenzungsverlangen und gegen die moderne Progression ins horizontlos Unendliche. Goethe entwirft mit dieser Vorstellung der Antike auch ganz unpolemisch ein eigenes, kompensatorisches Wunschbild mit geradezu therapeutischer Intensität. Nirgends zeigt sich das deutlicher als im ‚Faust'. Fausts Grundproblem ist jene moderne Ungenügsamkeit, die es ihm nie erlaubt, in gleichsam antiker Autarkie die Gegenwart zu genießen und zum Augenblick zu sagen: „Verweile doch! du bist so schön!" (V. 1700). Schon am Anfang der Tragödie kommt dieses Ungenügen zum Ausdruck, in den Entgrenzungsversuchen der Makrokosmos-Beschwörung, der Erdgeist-Beschwörung und schließlich in seinem Todeswunsch. Es sind drei Versuche, aus den Grenzen des menschlichen Daseins auszubrechen. Fausts vielberufenes Streben selbst ist die individuelle Ausprägung jenes ruhelosen modernen Drangs ins Unendliche, der sich nie in erfüllter Gegenwart zu stillen vermag.

Im großen Stil hat Goethe dies im zweiten Teil des ‚Faust' reflektiert, indem er das im ersten Teil noch ganz individuell zu

---

[43] Vgl. den in Anm. 40 angeführten Passus.

verstehende Streben Fausts geschichtlich verallgemeinerte zur neuzeitlichen Fortschrittsdynamik.[44] Die vieldiskutierte Frage nach dem
konzeptionellen Zusammenhang wie nach der Differenz der beiden
Teile des Faust-Dramas läßt sich dahingehend beantworten, daß
Goethe das individuelle *Streben* transformiert in den epochalen
Fortschritt, der sich im Faust II paradigmatisch für die ganze Neuzeit
im Übergang vom Mittelalter zur Renaissance manifestiert. Sein
Repräsentant ist Faust selbst. Im ersten Akt thematisiert Goethe den
ökonomischen Fortschritt, indem er Faust mit Mephistos Hilfe die
moderne Geldwirtschaft einführen läßt. Der künstlerisch-kulturelle
Fortschritt ereignet sich ebenfalls schon im 1. Akt, denn die Kunst
wird aus der Oberflächen-Sphäre der höfischen Unterhaltung in die
Tiefenschicht des schöpferischen Individuums überführt. Dies zeigt
Fausts Abstieg zu den Müttern, der ein Abstieg in das eigene schöp-
ferische Innere ist. Am Beginn des 2. Akts verdankt Homunkulus
seine Genese aus der Retorte dem naturwissenschaftlich-experimen-
tellen Fortschritt; und darauf folgt der Bildungsfortschritt in der
Klassischen Walpurgisnacht,[45] die auf den dritten, den Helena-Akt

---

[44] Vgl. hierzu: Jochen Schmidt: Goethes Faust. Erster und zweiter Teil. Grundlagen
– Werk – Wirkung. 2. Auflage, München 2001, S. 264–285.

[45] Unter den vielfältigen Elementen dieses Bildungsfortschritts fällt vor allem die intensive
Vergegenwärtigung der antiken Mythologie in einer Fülle von Gestalten auf: Goethe
reflektiert deren außerordentliche Bedeutung seit der Wiederentdeckung der Antike in
der Renaissance für die Bild- und Vorstellungswelt der europäischen Kultur über Jahr-
hunderte hinweg. Wie Schelling in seiner Münchener Akademie-Vorlesung ,Über die
Gottheiten von Samothrake', die Goethe in den Monaten des Jahres 1830 entlieh, in denen
er an der Klassischen Walpurgisnacht arbeitete, formiert er diese mythologische Gestal-
tenfülle zu einem großen Werde- und Bildungsprozeß. Dessen Ziel ist die vollendet
schöne Gestalt – zuerst Galathea und dann Helena. Das eigentlich Bewegende dieses
kulturellen Bildungsprozesses ist eine ästhetische Faszination, die Faust schon beim
ersten Erlebnis kultureller Erinnerung – beim flüchtigen erstmaligen Anblick Helenas im
1. Akt – erfährt, und dann die Steigerung der ästhetischen Faszination zum geradezu
erotischen Verlangen. Bezeichnenderweise hat Faust vor dem Aufbruch in die Klassische
Walpurgisnacht einen erotischen Traum von Helena (V. 6903–6930) und die Walpurgisnacht schließt mit einem Preislied auf Eros (V. 8479–8487).

hinführt. In dem statisch angelegten Helena-Akt suspendiert Fausts
Begegnung mit der zur zeitlosen Gegenwart stilisierten Antike die
moderne Fortschrittsdynamik vorübergehend, so daß eine Art von
ästhetischem Zustand entsteht. Vom Beginn des 4. Aktes ab setzt
diese Fortschrittsdynamik allerdings umso energischer wieder ein.
„Das heiß ich endlich *vorgeschritten*", erklärt schon am Beginn des
4. Aktes der charakteristischerweise mit Siebenmeilenstiefeln ein-
herschreitende Mephisto.[46] Darauf folgen denn auch im 4. Akt die
von der neuzeitlichen Militärtechnik seit der Erfindung des Schieß-
pulvers fortschrittlich revolutionierte Kriegsführung und moderne
Formen der Herrschaftsbegründung; im 5. Akt endlich gipfelt der
neuzeitliche Fortschritt in Fausts Kolonisierungsaktivitäten. Sie führen zu Imperialismus, rücksichtsloser Naturzerstörung und radikaler
Instrumentalisierung der Menschen.

Im Rahmen dieser Geschichtsdeutung, die eine Deutung der
neuzeitlichen Geschichte als einer Geschichte des *Fortschritts* ist,
erhält die im Helena-Akt gipfelnde Begegnung mit der Antike ihren
Stellenwert. Dabei kommt es zu einer übergreifenden Historisierung
dieser Begegnung mit der Antike, indem Goethe sie als neuzeitlichen
Rezeptionsprozeß darstellt. Er hat mit Humanismus und Renaissance
begonnen und seinen abschließenden Höhepunkt in der nun schon
in historischer Retrospektive erscheinenden Weimarer Klassik gefunden. Dieser Rezeptionsprozeß setzt die Lösung der in Helena
verkörperten ästhetischen Vollendung aus ihrer Fixierung in der
Einmaligkeit der griechischen Vergangenheit voraus. Deshalb über-
nimmt Goethe aus dem Helena-Drama des Euripides sowohl das
Moment der suspendierten Identität wie das der Idolisierung Helenas, um beide Momente in ganz neuer Weise geschichtlich zu
dimensionieren. Aus der Einmaligkeit ihrer fixierten historischen
Identität gelöst, wird die Antike, deren Allegorie die Helena-Figur

---

[46] V. 1067 und die vorhergehende Regieanweisung.

ist, in doppelter Weise frei für den europäischen Rezeptions- und Kulturprozeß: Einerseits erhebt sie sich zum *überzeitlich* faszinierenden „Idol", zum Inbegriff des Vollendet-Schönen und einer ästhetischen Kultur, andererseits kann sie erst durch die Loslösung aus ihrer ursprünglichen griechischen Identität in den *Geschichtsprozeß* eingehen, der zu immer neuen Verbindungen mit ihr – mit der Kultur der Antike – führt.

Im Horizont einer derartigen Historisierung durch den neuzeitlichen Rezeptionsprozeß sieht Goethe die Bedeutung der Antike für die Moderne unter zwei Aspekten. Erstens setzt er die Antike in ein *dialektisches Verhältnis* zur Moderne, und dieses führt er im Liebes*dialog* zwischen Faust und Helena zum Höhepunkt. Er inszeniert nicht nur eine Begegnung und einen Austausch zwischen Nord und Süd, darüber hinaus und in konzeptionell maßgeblicher Weise entwirft er eine kompensatorische Dialektik zwischen moderner Fortschrittsdynamik und antikem Daseinsglück, dessen erfüllte Gegenwärtigkeit für den modernen Menschen eine geradezu erotische Faszination gewinnt, weil er selbst so ganz anders ist. Nur für einen großen Augenblick allerdings läßt Goethe diese Begegnung gelingen, denn die dynamischen Energien der Moderne drängen weiter. So erhält das Geschehen etwas Tragisch-Transitorisches, wenn man Fausts Verbindung mit Helena nicht bloß ästhetisch-kulturell versteht, sondern auch als einen existentiell motivierten Versuch, das Heil*lose* des von Unruhe getriebenen modernen Menschen durch ideale Kompensation zu heilen.

Zweitens sieht Goethe die Bedeutung der Antike für die Moderne unter dem Aspekt der Herausbildung einer ästhetischen Kultur, die mit dem Humanismus beginnt und um 1800 ihre Vollendung findet, sich dann aber im 19. Jahrhundert schon bald durch die technische Zivilisation und unter dem Druck der sozialen Frage auflöst. So reflektiert der alte Goethe auf seine Weise das von Heine beschworene „Ende der Kunstperiode". Die „Kunstperiode" ist für ihn eine

Epoche der Kunst und Kultur, die sich durch die seit der Renaissance stattfindende Begegnung mit der Antike entfaltete, aber nun im Modernisierungsschub des 19. Jahrhunderts ebenso ans Ende gelangt wie die alte naturgewachsene Welt-Ordnung, deren Untergang er in der Zerstörung des Philemon- und Baucis-Idylls durch Faust symbolisiert.

In der historischen Gesamtperspektive seines Werkes kommt es Goethe demnach nicht nur auf die Aneignung der Antike in der Moderne und das Ende dieser geschichtlichen Phase an. Aus der kulturgeschichtlichen Retrospektive des schon fortgeschrittenen 19. Jahrhunderts analysiert er zugleich auch die Bedingungen für die Entstehung und das Ende einer wesentlich *humanistisch-ästhetisch geprägten Kultur* überhaupt. Deren letzter Höhepunkt war für ihn die eigene Weimarer Klassik. Was auf den Helena-Akt folgt, scheint in keinem einsehbaren Zusammenhang mit dem vorangegangenen Geschehen zu stehen. Die beiden Schlußakte führen ja in eine ganz andere Sphäre: Nach der Evokation klassischer Kultur treten nun die moderne Kriegstechnik, gewalttätiger Kolonialismus, zerstörerische Naturbeherrschung und soziale Probleme als die beherrschenden Themen hervor. Diese Diskontinuität ist aber geschichtlich reflektiert. Goethe diagnostiziert das Ende der humanistisch-ästhetischen Kultur, indem er *die Überschreitung des ästhetischen Horizonts als geschichtliche Logik der Moderne* begreift. Die vom Humanismus geprägte Kulturwelt wird abgelöst von einer durch instrumentelle Vernunft gesteuerten modernen Zivilisation. Mit dem Beginn des 4. Aktes bricht sie gewaltsam herein und sie gipfelt in Fausts inhumanen und sogar die Natur zerstörenden kolonialistischen Aktivitäten im 5. Akt. Goethe stellt damit den Untergang einer am Ideal der Antike orientierten alteuropäischen Kultur- und Naturwelt dar, der er sich selbst zugehörig fühlte. Es scheint, daß er der traditionellen Gleichung von Antike und Natur einen ganz neuen pessimistischen Sinn verleiht, indem er am Anfang des 5. Aktes den Untergang des

griechisch-antiken Paares Philemon und Baucis mit dem Untergang
der naturgewachsenen Ordnung verbindet. Fausts zivilisatorischer
Fortschrittswahn kostet die beiden Alten und mit ihnen die in ein
mythisches Alter entrückte Antike ebenso das Leben, wie er zur
Vernichtung der beiden alten Linden an ihrem Wohnsitz führt – der
Linden, welche die alte Naturordnung symbolisieren. In diesen
universalgeschichtlichen Horizont stellt Goethe das Entschwinden
des Idealbilds der Antike. Für sein Kulturbewußtsein ist es schon zur
verlorenen Natur geworden.

In der von ihm heraufbeschworenen neuen Welt ist auch kein
Platz mehr für den felix aestheticus, dem er wiederum absichtsvoll
einen antiken Namen gibt. Lynkeus, im 3. Akt vom Erlebnis griechischer Schönheit hingerissen, singt im 5. Akt sein berühmtes Lied.
Die erste Strophe endet mit den Versen:

Ihr glücklichen Augen,
Was je ihr gesehn,
Es sei wie es wolle,
Es war doch so schön! (V. 11300 ff.)

Dann aber erblickt er die Katastrophe: Philemon und Baucis
gehen mitsamt ihrem kleinen, durch die moderne Zivilisation schon
zur Idylle marginalisierten Naturreich unter, und Lynkeus beschließt
die Verse, in denen er diese Katastrophe in Worte faßt, mit dem
erschütterten Ausruf, mit dem auch der alte Goethe von der ihm
liebgewordenen Welt Abschied nimmt:

Was sich sonst dem Blick empfohlen,
Mit Jahrhunderten ist hin. (V. 11336 f.)

*

Im Rückblick auf Goethes lebenslangen produktiven Umgang mit der Antike gewinnen die beiden Hauptzeugnisse, ‚Iphigenie' und der zweite Teil des ‚Faust', ein aufschlußreiches Gegenprofil. Es läßt die historische Differenz der durch epochale Erfahrungen getrennten Werke und zugleich eine wesentliche Wandlung in Goethes Denken erkennen. In der ‚Iphigenie' stellt er den Prozeß der Moderne als einen Aufklärungsprozeß dar, der von archaischer Fremdbestimmung zu modern-humaner Selbstbestimmung führt. Er ist ganz von Fortschrittsoptimismus erfüllt. Menschliche Autonomie erscheint hier, wie schon in der radikal aufklärerischen Prometheus-Ode, als uneingeschränkt positiv. Im Faust II dagegen gerät der Modernisierungsprozeß und mit ihm der sich autonom setzende moderne Mensch, den Faust repräsentiert, ins Zwielicht der Skepsis, im fünften Akt sogar ins Dunkel der „Sorge" und des Pessimismus. Fausts fortschrittlich modernisierende Aktivitäten wirken überwiegend zerstörerisch, sie untergraben die natürlichen Lebensgrundlagen des Menschen und pervertieren humane Verhaltensweisen immer mehr ins Inhumane; schließlich beschwören sie eine neue Art der Selbstentfremdung herauf. In Fausts Schlußmonolog verfällt gerade der Fortschrittsoptimismus der Ironie. Blind und verblendet glaubt Faust ein großes Fortschrittswerk zu fördern, während man in Wirklichkeit sein Grab schaufelt. Seine Fortschrittsbesessenheit selbst bringt ihn zu Grabe.

In diesen Horizonten ändert sich auch die Form des Umgangs mit der Antike fundamental. In der ‚Iphigenie' bietet die Antike nur die Stoffgrundlage in Gestalt der mythologischen Fabel, und diese bildet lediglich das *Medium* für das moderne Programm der Aufklärung. Im Faust II wird die Antike selbst zum *Gegenstand*, und dies nicht in antiquarischem Sinn, sondern in einer kulturgeschichtlichen Reflexion des neuzeitlichen Rezeptions- und Vermittlungsprozesses. Vereinfacht ausgedrückt: Erscheint in der ‚Iphigenie' die Moderne im Medium der Antike, so im ‚Faust' umgekehrt die Antike im

Medium der Moderne. Dies setzt auch voraus, wovon in der ‚Iphigenie' noch keine Rede sein kann, daß nämlich Antike und Moderne
zueinander ins *Verhältnis* gerückt werden. Überraschend weit allerdings geht Goethe hierbei, indem er die Antike als eine immer schon
durch den neuzeitlichen Rezeptions- und Bildungsprozeß *vermittelte*
Antike begreift. Damit gewinnt er auch einen reflexiven Abstand zu
seiner eigenen früheren Begeisterung für die Antike, insbesondere
zu derjenigen der klassischen Phase. Sie erscheint nun in kulturpsy-
chologischer Diagnose als therapeutische Kompensation moderner
Heillosigkeit, als Wunschvorstellung, die erst aus der geschichtlichen Situation der Moderne ihre Eigenart als *Gegen*bild gewinnt. So
werden die Metamorphosen der Antike selbst zum historisch reflek-
tierten Gehalt seines Werks.